Von

Für

MAX LUCADO

Wo Freude aufersteht

Inspirationen für den Alltag

Aus dem Englischen von Martina Merckel-Braun

Er wurde ein *Mensch* wie wir,

rein äußerlich ein ganz normaler Mann.

Doch er *verzichtete* auf seine Vorrechte

und nahm gehorsam den Tod an,

den schrecklichen Tod am *Kreuz*.

Philipper 2,8 (Willkommen daheim)

Das Kreuz. Wie ein faszinierender Edelstein ruht es auf der Zeitachse der Geschichte. Seine Tragik ruft alle Leidenden zu sich. Seine Absurdität inspiriert alle Zyniker. Seine Hoffnung lockt alle Suchenden.

Was für ein unglaubliches Stück Holz! Die Menschen haben es vergöttert und verachtet, vergoldet und verbrannt, man hat sich damit geschmückt und es zerstört. Sie haben alles Mögliche damit getan – außer es ignoriert. Das ist die eine Möglichkeit, die das Kreuz uns nicht offenlässt.

Niemand kann es ignorieren! Sie können ein Stück Holz nicht ignorieren, das den größten Anspruch der Geschichte erhebt. Ein gekreuzigter Zimmermann, der von sich behauptet, der menschgewordene Gott zu sein? Der göttlicher Natur ist? In alle Ewigkeit lebt? Den Tod besiegt hat?

Kein Wunder, dass Paulus die Botschaft vom Kreuz als das „Kernstück des Evangeliums“ bezeichnet. Seine Grundaussage ist ernüchternd: Wenn die Geschichte stimmt, ist es der Dreh- und Angelpunkt der Weltgeschichte. Wenn nicht, ist es der größte Betrug aller Zeiten.

Die Schmerzenskrone,
die dein sanftes Gesicht zerschnitt,
drei Nägel, durch Fleisch und Holz gebohrt,
um dich an deinem Platz zu halten.
Ich begreife, dass du dein Blut vergießen musstest.
Ich bin dankbar für dein Opfer.
Aber der essiggetränkte Schwamm,
der Speer, der dich durchbohrte,
der Speichel in deinem Gesicht?

Musste es ein Kreuz sein?
Gab es keinen gnädigeren Tod,
als sechs Stunden zwischen Leben und Tod zu hängen,
ausgeliefert durch den Kuss eines Verräters?
„Mein Vater“, sagst du,
zutiefst bewegt von dem, was sein könnte,
„vergib mir die Frage,
aber ich sehne mich nach Gewissheit:
Hast du das für mich getan?“

Wie so viele große Künstler erschafft Gott sein Meisterstück erst ganz zum Schluss. All die vorherigen Beweise seiner Liebe haben auf dieses eine hingeführt. Die Engel schweigen ehrfürchtig, und die Himmel verstummen, weil sie das große Finale miterleben wollen. Gott enthüllt die Leinwand und der ultimative Beweis seines schöpferischen Mitgefühls ist offenbar.

Gott hängt an einem Kreuz.

Der Schöpfer opfert sich für die Schöpfung. Gott überzeugt die Menschheit ein für alle Mal davon, dass auf Versagen immer noch Vergebung folgt.

Ich frage mich, ob der Schöpfer, als er am Kreuz hing, in Gedanken zum Anfang zurückging. Ob er die Myriaden von Gesichtern und Taten vor seinem inneren Auge vorüberziehen ließ. Sann er nach über die Erschaffung des Himmels und der Meere? Ließ er seine Gespräche mit Abraham und Mose Revue passieren? Erinnerte er sich an die Plagen und die Verheißungen, die Wüste und die Wanderungen? Wir wissen es nicht.

Was wir wissen, ist, was er sagte.

„Es ist vollbracht."

Die Mission war erfüllt. Alles, was der Künstler tun musste, war getan. Auf großartige, wunderbare Weise. Nun konnte seine Schöpfung nach Hause kommen.

„Es ist vollbracht!", rief er.

Und der allmächtige Schöpfer ging nach Hause.

(Aber er ruht dort nicht etwa aus. In der Bibel können wir nachlesen, dass seine unermüdlichen Hände eine Stadt vorbereiten, die so herrlich ist, dass selbst die Engel bei ihrem Anblick Gänsehaut bekommen. Wenn ich bedenke, was er bisher schon getan hat, ist das ein Werk, das ich unbedingt sehen möchte.)

Es waren nicht die Nägel, die Gott am Kreuz hielten.

Es war seine Liebe.

Der Ankerplatz des Kreuzes

Sechs Stunden an einem Freitag.

Für den flüchtigen Beobachter sind es ganz gewöhnliche Stunden. Für den Hirten, der sich um seine Schafe kümmert. Für die Hausfrau, die ihren Gedanken nachhängt. Für den Arzt, der Patienten versorgt. Aber für die Handvoll sprachloser Zeugen geschieht das größte Wunder aller Zeiten, ein Ereignis, das mit nichts anderem in der gesamten Menschheitsgeschichte zu vergleichen ist.

Gott hängt an einem Kreuz. Der Schöpfer des Universums wird umgebracht.

Speichel und Blut bedecken sein Gesicht, seine Lippen sind aufgeplatzt und geschwollen. Dornen reißen ihm die Kopfhaut auf. Seine Lungen werden von einem stechenden Schmerz gemartert. Seine Beine verkrampfen sich. Die aufs Äußerste angespannten Nerven drohen zu reißen, der Schmerz singt seine Todesmelodie.

Doch das Ende lässt noch auf sich warten. Es gibt niemanden, der ihn retten kann, denn er opfert sich selbst.

Es sind keine gewöhnlichen sechs Stunden … es ist kein gewöhnlicher Freitag.

Viel schlimmer noch als die Folterung seines Körpers ist, dass ihm sein Herz in Stücke gerissen wird.

Seine eigenen Landsleute haben seinen Tod gefordert.

Sein eigener Jünger hat ihn mit einem Kuss verraten.

Seine eigenen Freunde haben ihn im Stich gelassen, um sich in Sicherheit zu bringen.

Und nun beginnt sein eigener Vater, sich von ihm abzuwenden, ihn alleinzulassen.

Wer Zeuge dieses Geschehens ist, kann nicht anders. Er fragt sich: „Jesus, denkst du überhaupt nicht daran, dich selbst zu retten? Was hält dich dort am Kreuz? Götter lassen sich doch nicht durch Nägel an Baumstämmen festhalten. Was lässt dich dort ausharren?“

Sechs Stunden an einem Freitag.

Ich will Ihnen eine Frage stellen: Was bedeutet dieser Tag für Sie? Was fangen Sie mit diesen Ereignissen an, die an einem Freitag ihren Lauf nahmen?

Wenn es wirklich geschehen ist … wenn Gott wirklich seine eigene Kreuzigung zugelassen hat … wenn er wirklich seinem eigenen Sohn den Rücken gekehrt hat … wenn er wirklich die Pforten der Hölle gestürmt hat, dann sind die sechs Stunden an diesem Freitag Stunden eines großen Triumphes, wenn auch eines tragischen. Wenn das tatsächlich Gott war, der an diesem Kreuz hing, dann ist der Hügel, der von allen „Schädelstätte" genannt wird, in Wirklichkeit ein Granitblock, in den Pfähle eingelassen sind, an denen Sie Ihr Schiff festmachen können.

Diese sechs Stunden waren keine gewöhnlichen Stunden. Es waren die entscheidendsten Stunden der gesamten Menschheitsgeschichte. Denn in diesen sechs Stunden an jenem Freitag richtete Gott auf der Erde drei Ankerplätze ein, die stabil genug sind, um jedem Wirbelsturm zu widerstehen:

Ankerplatz Nr. 1: Mein Leben ist nicht sinnlos. Dieser Fels bietet dem Schiff Ihres Herzens Sicherheit. Er ist dazu da, Ihnen einen festen Halt zu bieten, wenn die Flut der Sinnlosigkeit immer höher steigt und Ihnen alles relativ erscheinen will. Es ist der feste Halt der Gewissheit, dass es eine absolute Wahrheit gibt.

Es gibt jemanden, der alles in der Hand hält. Ihr Leben hat einen Sinn.

Ankerplatz Nr. 2: Mein Versagen wird mir nicht zum Verhängnis. Gott heißt das, was Sie getan haben, zwar nicht gut, aber er liebt Sie. Sie gehören zu ihm. Der, der das Recht hat, Sie zu verurteilen, hat den Freispruch für Sie erwirkt. Sie machen Fehler. Gott nicht. Und er hat Sie erschaffen.

Ankerplatz Nr. 3: Mein Tod ist nicht endgültig. Es gibt noch einen weiteren Stein, an dem Sie Ihr Leben festmachen können. Er ist groß. Er ist rund. Und er ist schwer. Er verschloss den Eingang zu einem Grab. Aber er war nicht groß genug. Das Grab, das er verschloss, war nur eine

Durchgangsstation für den, den man dort hineinlegte. Er ließ sich nur hineinlegen, um zu beweisen, dass er herauskommen konnte. Auf seinem Weg aus dem Grab verwandelte er den Stein gewissermaßen in einen Ankerplatz. Er ließ ihn tief in die unergründlichen Wasser des Todes fallen. Wenn Sie den Anker an seinem Felsen auswerfen, wird der Wirbelsturm des freitäglichen Grabs zu einer Frühlingsbrise am Ostersonntag.

Das sind sie. Drei Ankerplätze. Die Fundamente des Kreuzes.

Mein Leben ist nicht *sinnlos.*

Mein Versagen wird mir nicht zum *Verhängnis.*

Mein Tod ist nicht das *Ende.*

Derjenige, der das Recht hat, Sie zu verurteilen, hat alles getan, was nötig war, um Sie zu begnadigen. Sie machen Fehler. Gott nicht. Und er hat Sie erschaffen.

Die Kreuzigung zwang jeden der Anwesenden zu einer Reaktion: Entweder wandte er sich ihr zu oder er wandte sich von ihr ab. Sie fesselte und stieß gleichzeitig ab.

Und heute, zweitausend Jahre später, hat sich daran nichts geändert. Die Kreuzigung ist die Wasserscheide. Und Sie stehen entweder auf der einen Seite oder auf der anderen. Sie müssen sich entscheiden. Wir können mit dem Kreuz machen, was wir wollen. Wir können seine Geschichte untersuchen. Wir können seine theologische Bedeutung studieren. Wir können über seine Verheißungen nachdenken. Aber eines können wir nicht tun – uns von ihm abwenden, ohne Stellung zu beziehen. Das Kreuz duldet keine Zaungäste. In seiner absurden Herrlichkeit lässt es das nicht zu. Das ist der eine Luxus, den Gott uns in seiner überwältigenden Gnade nicht zugesteht.

Auf welcher Seite stehen Sie?

Der *Sündlose*

nahm das Erscheinungsbild

eines Sünders an,

damit wir Sünder

das Erscheinungsbild

eines *Heiligen*

annehmen können.

Jesus lebte gewissermaßen ein dreidimensionales Leben. Er hatte einen ungetrübten Blick auf die Zukunft, aber auch auf die Gegenwart und die Vergangenheit.

Darum waren die Stricke unnötig, mit denen die Soldaten seine Hände fesselten und ihn ans Kreuz führten. Sie waren nebensächlich. Wenn es sie nicht gegeben hätte, wenn es keinen Prozess, keinen Pilatus und keine Menschenmenge gegeben hätte, hätte trotzdem eine Kreuzigung stattgefunden. Wenn Jesus gezwungen worden wäre, sich selbst ans Kreuz zu schlagen, hätte er es getan. Denn es waren nicht die Soldaten, die ihn töteten, und auch nicht das Geschrei des Pöbels. Es war seine hingebungsvolle Liebe.

Nennen Sie es, wie Sie wollen: Einen Akt der Gnade. Einen Erlösungsplan. Das Opfer eines Märtyrers. Aber wie auch immer Sie es nennen, nennen Sie es niemals ein Versehen, Zufall. Denn das war es ganz bestimmt nicht.

Die Hände Jesu

Oh, die Hände Jesu. Hände, die bei seiner Geburt menschlich wurden. Hände, die frei machten, wenn er heilte. Hände, die begeisterten, wenn er lehrte. Hände, die hingegeben waren, wenn er diente. Und Hände, die retteten, als er starb.

Die Menge, die am Kreuz stand, dachte, dass die Soldaten mit den Nägeln Jesu Hände am Kreuz befestigten. Aber das war nur die halbe Wahrheit. Wir können es ihnen nicht verübeln, dass ihnen die andere Botschaft entging.
Sie konnten sie nicht sehen. Aber Jesus schon. Der Himmel auch. Und wir können es ebenfalls.

Durch die Augen der Bibel erkennen wir, was anderen entging, Jesus jedoch sah: „Gott hat den Schuldschein, der uns mit seinen Forderungen so schwer belastete, für ungültig erklärt. Ja, er hat ihn zusammen mit Jesus ans Kreuz genagelt und somit auf ewig vernichtet“ (Kolosser 2,14; Hoffnung für alle).

Zwischen seinen Händen und dem Holz befand sich eine Liste. Eine lange Liste. Eine Liste unserer Vergehen: unsere Gelüste und unsere Lügen, die Augenblicke, in denen wir gierig waren, und die Jahre, in denen wir dachten, dass wir ihn nicht brauchen. Eine Liste unserer Sünden.

Am Kreuz hängt ein detaillierter Katalog all Ihrer Vergehen. Die falschen Entscheidungen des vergangenen Jahres. Die schlechten Einstellungen der vergangenen Woche. Dort, im hellen Tageslicht des Himmels, können alle die Liste Ihrer Fehler sehen.

Gott hat mit uns getan, was ich mit meinem Haus getan habe: Er hat eine Liste all der Dinge erstellt, die nicht in Ordnung sind. Aber niemand kann die Liste lesen, die Gott gemacht hat. Die Worte lassen sich nicht entziffern. Die Fehler sind zugedeckt. Die Sünden verborgen. Die, die ganz oben stehen, werden von seiner Hand bedeckt, die am unteren Ende der Liste von seinem Blut. Ihre Sünden wurden

von Jesus ausradiert: „Er hat die Liste der Anklagen gegen uns gelöscht; er hat die Anklageschrift genommen und vernichtet, indem er sie ans Kreuz genagelt hat“ (Kolosser 2,14; Neues Leben).

Darum hat er sich geweigert, die Faust zu ballen und sich dagegen zur Wehr zu setzen, ans Kreuz genagelt zu werden. Er sah die Liste! Was hielt ihn davon ab, Widerstand zu leisten? Dieser Schuldschein, diese Auflistung Ihrer Fehler. Er wusste, dass der Preis für diese Sünden der Tod war. Er wusste, dass Sie diese Sünden begangen hatten, und weil er den Gedanken nicht ertragen konnte, die Ewigkeit ohne Sie zu verbringen, entschied er sich für die Nägel.

Die Hand, die den Stiel umfasste, war nicht die eines römischen Soldaten.

Die Macht, die den Hammer schwang, war nicht der wütende Mob.

Das Todesurteil wurde nicht von eifersüchtigen Juden gefällt.

Jesus selbst entschied sich für die Nägel.

Darum öffneten sich seine Hände. Wenn der Soldat gezögert hätte, hätte Jesus selbst den Hammer geschwungen. Er wusste, wie das ging;

er war es gewöhnt, Nägel einzuschlagen. Als Zimmermann wusste er, wie man das macht. Und als Retter wusste er, was es bedeutete. Er wusste, dass der Zweck des Nagels darin bestand, Ihre Sünden dort anzuheften, wo sie von seinem Opfer verborgen und von seinem Blut bedeckt waren.

Darum schwang Jesus selbst den Hammer.

Dieselbe Hand, die das Meer gestillt hat, tilgt Ihre Schuld.

Dieselbe Hand, die den Tempel gereinigt hat, reinigt Ihr Herz.

Die Hand ist die Hand Gottes.

Der Nagel ist der Nagel Gottes.

Und als sich die Hände Jesu für den Nagel öffneten, öffneten sich die Türen des Himmels für Sie.

Dieselbe Hand,

die das Meer gestillt hat,

tilgt Ihre Schuld.

Dieselbe Hand, die den Tempel

gereinigt hat, reinigt Ihr Herz.

Und als sich die Hände Jesu

für den Nagel öffneten,

öffneten sich die Türen des

Himmels für Sie.

Jesus wusste, dass der Preis für die Sünden der Tod war. Er wusste, dass Sie diese Sünden begangen hatten, und weil er den Gedanken nicht ertragen konnte, die Ewigkeit ohne Sie zu verbringen, entschied er sich für die Nägel.

Paulus schrieb: „Wenn ich auf etwas stolz sein möchte, dann auf das, was Jesus für uns erlitten hat“ (Galater 6,14; Willkommen daheim). Verspüren Sie ein Bedürfnis nach Bestätigung? Brauchen Sie etwas, um Ihr Selbstwertgefühl zu erhöhen? Sie müssen nicht prahlen oder mit all den Menschen angeben, die Sie kennen. Sie müssen lediglich am Fuße des Kreuzes innehalten und sich eines bewusst machen: Der Schöpfer des Universums höchstpersönlich zog es vor, lieber für Sie zu sterben, als ohne Sie zu leben. Das ist eine Tatsache. Wenn Sie also etwas suchen, auf das Sie stolz sein können, dann nehmen Sie doch das.

Die wirren Gedanken des Hauptmanns ergaben plötzlich Sinn. „Der dort war nicht einfach nur ein Zimmermann“, murmelte er vor sich hin. „Das war kein gewöhnlicher Mensch.“

Er stand dort und blickte auf die Felsen, die sich bewegt hatten, und den Himmel, der sich verfinstert hatte. Er drehte sich um und starrte die Soldaten an, die wiederum mit unbeweglichem Gesicht Jesus anblickten. Der Hauptmann wandte sich wieder zu Jesus um und beobachtete, wie dieser seinen Blick nach oben richtete, zu seiner wahren Heimat.

Er lauschte, als sich die aufgesprungenen Lippen noch einmal öffneten und Jesus mit schwerer Zunge ein letztes Mal sprach.

„Vater, in deine Hände lege ich meinen Geist!“ (Lukas 23,46; Hoffnung für alle).

Wenn der Hauptmann es nicht ausgesprochen hätte, dann hätten es die Soldaten gesagt. Wenn der Hauptmann es nicht ausgesprochen hätte, dann hätten es die Steine gesagt – oder die Engel, die Sterne, ja sogar die Dämonen. Aber der Hauptmann sprach es aus. Es kam einem namenlosen Ausländer zu, das in Worte zu fassen, was alle erkannt hatten:

„Dieser Mann ist wirklich Gottes Sohn gewesen!“ (Matthäus 27,54; Hoffnung für alle).

Sechs Stunden an einem Freitag. Sechs Stunden, die aus der großen Ebene der Menschheitsgeschichte herausragen wie der Ayers Rock aus der australischen Wüste. Sechs Stunden, die seit zweitausend Jahren enträtselt, auseinandergenommen und diskutiert werden.

Welche Bedeutung haben diese sechs Stunden? Es wird behauptet, dass sie die Tür in der Zeit sind, durch die die Ewigkeit in die finstersten Ecken der Menschheit hineingekommen ist. Sie kennzeichnen die Augenblicke, in denen der Steuermann in die größten Tiefen vorgedrungen ist, um seinen Nachfolgern Ankerplätze zu hinterlassen.

Welche Bedeutung hat dieser Freitag?

Menschen, die versagt haben, schenkt dieser Freitag Vergebung.

Menschen, denen alles sinnlos vorkommt, schenkt dieser Freitag Sinn.

Menschen, die von der Seite des Lebens aus in den Tunnel des Todes starren, schenkt dieser Freitag Erlösung.

Sechs Stunden. Aber ein Tag, der alles veränderte.

Was machen Sie mit den sechs Stunden dieses Tages?

Jesus hat damit endgültig gezeigt, dass er die Macht über all die Grausamkeiten hat. Das Böse kommt hin und wieder durch, aber nur einen kurzen Augenblick lang. Satan hat seine übelsten Dämonen auf den Sohn Gottes losgelassen. Er quälte jeden Nerv in ihm und tat ihm jedes nur erdenkliche Leid an. Und dennoch konnte der Meister des Todes den Herrn des Lebens nicht vernichten. Das Beste des Himmels hat das Schlimmste der Hölle in Hoffnung verwandelt.

Könnte es sein, dass die beiden übrigen *Kreuze* auf dem Hügel für eines der größten Geschenke Gottes stehen?

Das *Geschenk,* sich entscheiden zu dürfen …

Das Kreuz wird seine *Macht* nicht verlieren. Das Blut Christi wird nichts von seiner *Kraft* einbüßen. Der Himmel wird niemals verkünden, dass die *Brücke* eingestürzt ist. Gott wird nicht noch einmal von vorn anfangen.

Ich glaube, wir sind jenen Soldaten am Kreuz gar nicht so unähnlich. (Es tut mir leid, das sagen zu müssen.)

Auch wir spielen am Fuße des Kreuzes so unsere Spielchen. Wir konkurrieren um Mitglieder. Wir wetteifern um den Status. Wir beurteilen und verurteilen. Wettbewerb. Selbstsucht. Persönlicher Gewinn. Die ganze Palette. Was der andere getan hat, passt uns nicht, also schnappen wir uns die Sandalen, die wir beim Würfeln gewonnen haben, und marschieren wutschnaubend davon.

So nah am Holz und doch so weit vom Blut entfernt.

Wir sind dem ungewöhnlichsten Ereignis der Weltgeschichte so nah, aber wir verhalten uns wie gewöhnliche Würfelspieler, die in Grüppchen zusammenhocken und über belanglose Dinge streiten.

Wie viele Gemeinden sind an lächerlichen Kleinigkeiten zerbrochen? Wie viele Stunden wurden schon mit trivialen Predigten verschwendet? Wie viele Leiter haben sich auf ihre Lieblingssünden eingeschossen, haben ihre Schwerter der Bitterkeit gezückt und sind wegen unwichtiger Streitfragen gegen ihre Geschwister zu Felde gezogen?

So nah am Kreuz und doch so fern von Christus.

Wir verstehen uns auf „Ich habe recht!"-Spielchen. Wir schreiben Bücher darüber, was die anderen falsch machen. Wir entwickeln uns zu wahren Tratschmeistern und werden Experten darin, Schwächen zu entlarven. Wir spalten uns in kleine Grüppchen, und dann, Gott sei es geklagt, spalten wir uns erneut.

Ein anderer Name. Eine andere Lehre. Ein anderer „Irrtum". Wir sind in so viele Grüppchen gespalten, dass sie sich kaum noch erfassen lassen. Wir haben so viele Ableger, dass man vollkommen die Orientierung verliert.

Mal ehrlich: Sind unsere Unterschiede wirklich so unüberwindlich? Sind unsere Meinungen so wichtig? Sind die Mauern, die uns voneinander trennen, so hoch? Ist es so unmöglich, eine gemeinsame Grundlage zu finden?

„Sie alle sollen eins sein", betete Jesus.

Eins. Nicht eins innerhalb einer Gruppe von zweitausend Mitgliedern. Sondern einfach eins. Eine Kirche. Ein Glaube. Ein Herr.

Nicht Baptisten, nicht Methodisten, nicht Adventisten. Einfach Christen. Keine Denominationen. Keine Hierarchien. Keine Traditionen. Nur Jesus.

Zu idealistisch? Unmöglich zu erreichen? Ich glaube nicht. Es ist schon Schwereres vollbracht worden, das können Sie mir glauben.

Zum Beispiel Folgendes: Es war einmal ein Schöpfer, der am Kreuz sein Leben für seine Schöpfung hingegeben hat. Vielleicht brauchen wir bloß ein paar Menschen, die bereit sind, einen ähnlichen Weg einzuschlagen.

Was ist mit Ihnen? Können Sie eine Brücke bauen? Ein Seil hinüberwerfen? Einen Abgrund überwinden? Für Einheit beten? Können Sie der Soldat sein, der zur Besinnung kommt, aufspringt und uns alle ermahnt: „Hey, das ist Gott, der da am Kreuz hängt!“

Es war einmal

ein *Schöpfer,*

der am Kreuz

sein *Leben*

für seine

Schöpfung gab …

Was fällt Jesus leichter: einen Körper zu heilen oder einem Menschen zu vergeben? Was kostete Jesus weniger Schmerzen: einem Gelähmten seine Gesundheit oder ihm den Himmel zu schenken?

Um den Körper des Gelähmten zu heilen, war nichts weiter erforderlich als ein Befehl. Um die Sünden des Mannes zu vergeben, war das Blut Jesu nötig. Die Heilung geschah in einem Haus. Die Vergebung geschah auf einem Hügel, als er zwischen zwei Verbrechern hing. Für das eine brauchte es nur ein Wort. Für das andere musste er sein Leben geben. Das eine nahm nur einen Augenblick in Anspruch. Das andere kostete ihn alles.

Was war leichter?

Jesus kennt bereits den Preis der Gnade.

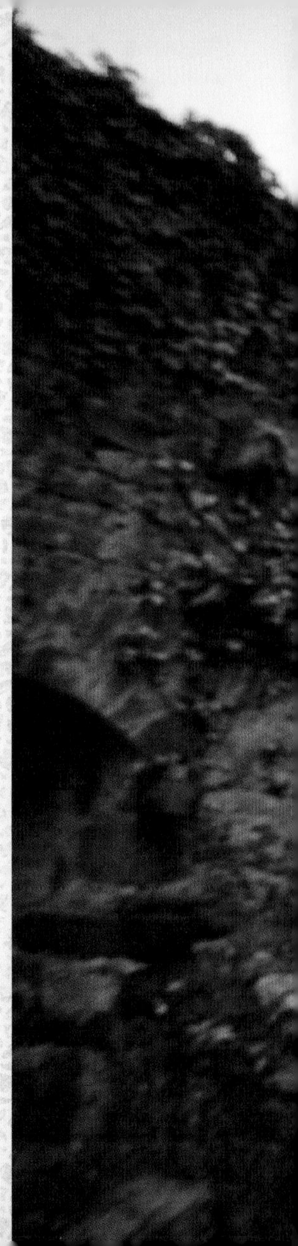

Er kennt den Preis der Vergebung. Er bietet beides an. Die Liebe lässt sein Herz zerspringen.

Übrigens hat er sich nicht geändert. Was damals geschah, geschieht auch heute noch. Gott sieht es, wenn wir einen Glaubensschritt wagen. Dasselbe Gesicht, das strahlte, als es den Gelähmten sah, strahlt den Alkoholiker an, der den Griff zur Flasche verweigert. Dieselben Augen, in denen Freudenfunken tanzten, als er seine Freunde sah, funkeln, wenn sie die Mutter und den Vater sehen, die ihr Kind mit ihm bekannt machen. Und dieselben Lippen, die zu dem Mann in Kapernaum sprachen, sprechen zu dem Mann in Detroit, zu der Frau in Belfast, dem Kind in Moskau … zu jedem Menschen an jedem Ort, der es wagt, in Gottes Gegenwart zu treten und ihn um Hilfe zu bitten.

Und selbst wenn wir Menschen es hier nicht hören können, so können es doch die Engel vernehmen. Der ganze Himmel hält den Atem an, wenn Jesus als Beweis seiner Liebe die Worte spricht, auf die es ankommt: „Deine Schuld ist dir vergeben.“

Was wäre Ihre letzte Botschaft an Ihre Lieben?

Die letzten Worte, die Sie an Ihr Kind oder Ihren Ehepartner richten?

Was würden Sie sagen? Wie würden Sie es sagen?

Vielleicht können Sie die erste Frage nicht beantworten, aber die zweite bestimmt. Wie würden Sie Ihre letzten Worte sagen? Bedachtsam. Behutsam. Würden Sie es nicht so machen wie Monet: Würden Sie nicht sorgfältig auswählen – nicht nur die richtige Farbe, sondern auch den exakten Farbton, die richtige Schattierung? Die meisten von uns haben nur eine einzige Gelegenheit, unsere letzten Worte zu sagen.

Auch Jesus hatte nur diese eine. Er wusste, dass die Menschen wieder und wieder

über seine letzten Taten nachdenken würden. Glauben Sie nicht auch, dass er seine letzten Worte aus diesem Grund sorgfältig gewählt hat? Mit Bedacht? Natürlich hat er das getan. An diesem Tag unterliefen ihm keine Fehler. Die letzten Augenblicke Jesu waren nicht dem Zufall überlassen. Gott wählte den Weg; er wählte die Nägel. Unser Herr errichtete die drei Kreuze und schrieb die Buchstaben auf die Tafel. Gott war nie souveräner als bei der Auswahl der Umstände, unter denen sein Sohn starb. Und Ihr Vater hat diese Botschaft für Sie hinterlassen:

„Ich habe es für dich getan.
Ich habe das alles für dich getan.“

Gott war nie

souveräner

als bei der Auswahl

der Umstände,

unter denen

sein Sohn starb.

Leben wir nicht alle mit der Angst vor dem Unbekannten? Fürchten wir nicht alle den schrecklichen Tag, an dem der dünne Vorhang, der uns vom Bösen trennt, zurückgezogen wird und es über uns hereinbricht? Krebs. Mord. Tod. Wie beängstigend und quälend ist die Erkenntnis, dass wir nicht immun sind gegen die Missgeschicke und Fährnisse des Lebens.

Es ist das Bewusstsein dieser Vergänglichkeit, die dafür sorgt, dass wir alle mehr oder weniger auf glühenden Kohlen sitzen.

Aber gerade in dieser Vergänglichkeit hatte Gott seine große Stunde. Nie waren das Profane und das

Heilige einander so nah wie auf Golgatha. Nie war das Gute dieser Welt so eng mit dem Bösen verquickt wie am Kreuz. Nie ging das Richtige eine so innige Verbindung mit dem Falschen ein wie in jenen Stunden, die Jesus zwischen Himmel und Erde hängend verbrachte.

Gott an einem Kreuz. Die schwärzeste Stunde der Menschheit. Die großartigste Stunde Gottes.

Das Kreuz sagt etwas über Vergänglichkeit. Etwas Hoffnungsvolles. Etwas Heilendes. Um es mit einfachen Worten zu sagen: Das Beständige kämpfte gegen das Vergängliche, und das Beständige gewann.

Das Kreuz sagt auch etwas über Gott selbst. Gott lässt sich durch eine böse Welt nicht aus der Fassung bringen. Er hält vor Erstaunen über die Tiefe unseres Glaubens oder die Tiefe unseres Versagens nicht den Atem an. Unsere Grausamkeiten können Gott nicht überraschen. Er weiß, in welchem Zustand diese Welt ist … und er liebt sie trotzdem. Denn gerade dann, wenn wir meinen, einen Ort gefunden zu haben, an dem Gott niemals sein könnte (zum Beispiel an einem Kreuz), verrät uns ein zweiter Blick: Da ist er, leibhaftig.

Der Tod Jesu ging nicht auf das Konto eines in Panik geratenen kosmischen Technikers. Das Kreuz war keine tragische Überraschung. Golgatha war keine reflexhafte Antwort auf eine Welt, die auf ihren Untergang zusteuert. Es war kein Flickwerk und keine Überbrückungsmaßnahme. Der Tod von Gottes Sohn war alles andere als ein unerwartetes Missgeschick.

Nein, er war Teil eines Plans. Er war eine bewusste Entscheidung. „Doch es war der Wille des Herrn, ihn leiden zu lassen und zu vernichten" (Jesaja 53,10; Neues Leben). Das Kreuz gehörte zum ursprünglichen Plan. Es stand im Drehbuch. In dem Augenblick, als Evas Lippen die verbotene Frucht berührten, erschien der Schatten eines Kreuzes am Horizont. Und zwischen diesem Zeitpunkt und dem Zeitpunkt, als der Mann mit dem Hammer den Nagel in das Handgelenk Gottes schlug, wurde ein vollkommener Plan erfüllt.

Was bedeutet das? Es bedeutet, dass Jesus sein eigenes Opfer geplant hat. Es bedeutet, dass Jesus in voller Absicht den Baum gepflanzt hat, aus dem das Kreuz zusammengezimmert wurde.

„Seht, das ist

Gottes Lamm!

Es wird die Schuld

der ganzen Welt

auf sich nehmen!“

Johannes 1,29 (Willkommen daheim)

Vergessen Sie die Idee, dass Jesus in eine Falle getappt sein könnte. Verabschieden Sie sich von der Theorie, dass er sich verkalkuliert hat. Ignorieren Sie die Spekulationen, dass das Kreuz ein verzweifelter letzter Versuch war, eine gescheiterte Mission zu erfüllen.

„Seht, das ist Gottes Lamm! Es wird die Schuld der ganzen Welt auf sich nehmen!“ (Johannes 1,29; Willkommen daheim).

Wenn diese Worte uns etwas zu sagen haben, dann dass Jesus mit voller Absicht starb. Keine Überraschung. Kein Zögern. Kein Zweifel.

Die Art und Weise, wie ein Mensch stirbt, sagt viel über ihn aus. Und die Art und Weise, wie Jesus auf seinen Tod zuging, lässt keinen Zweifel daran: Er war genau für diesen einen Augenblick auf die Erde gekommen.

Darauf weist auch Petrus hin: „Aber Jesus wurde durch Verrat an euch ausgeliefert, und ihr habt ihn mithilfe der Römer, die nichts von Gottes Gesetz wissen, ans Kreuz genagelt und umgebracht. Doch genau das hatte Gott geplant. Er wusste, was geschehen würde" (Apostelgeschichte 2,23; Hoffnung für alle).

Nein, die Reise nach Jerusalem begann nicht in Jericho. Sie begann nicht in Galiläa. Sie begann auch nicht in Bethlehem. Die Reise zum Kreuz begann viel früher. Als der Garten Eden noch vom Biss in die verbotene Frucht widerhallte, machte sich Jesus schon auf den Weg nach Golgatha.

Schließlich war der Zeitpunkt gekommen. Ein letztes Mal ging der Sohn zu seinem Vater. Er suchte ihn in einem Garten auf, einem anderen Garten. Einem Garten mit knorrigen Bäumen und steinigem Boden.

„Gibt es keine andere Möglichkeit?"

„Nein, nur diese."

„Gibt es niemanden sonst, der es tun könnte?"

Der König schluckte. „Nein, nur du."

„Muss ich wirklich diesen Kelch trinken?"

„Ja, mein Kind. Diesen Kelch." Er blickte den Fürsten des Lichts an. „Die Finsternis wird groß sein." Er hielt seine Hand über das makellose Gesicht seines Sohnes. „Der Schmerz wird schrecklich sein." Dann machte er eine Pause und ließ seinen Blick über sein verdunkeltes Reich schweifen. Als er den Sohn wieder anschaute, standen ihm Tränen in den Augen.

„Nein, es gibt keine andere Möglichkeit."

Der Blick des Sohns war auf die Sterne gerichtet, als er die Antwort hörte. „Dann soll es so sein."

Die Worte, die den Sohn töten würden, kamen dem Vater nur langsam über die Lippen.

„Die Stunde des Todes, der Augenblick, in dem das Opfer gebracht wird, es ist so weit. Unzählige Male geübt auf nachgebildeten Altären mit Ersatzlämmern – die Stunde der Wahrheit ist gekommen.

Ihr Soldaten, glaubt ihr wirklich, dass er von euch abgeführt wird? Ihr Stricke, glaubt ihr wirklich, dass er von euch festgebunden wird? Ihr Menschen, glaubt ihr wirklich, dass euer Urteil ihn verdammt hat? Er folgt euch nicht, weil ihr den Befehl dazu gebt. Er schreit nicht, weil ihr ihn schlagt.

Er folgt allein meiner Stimme. Allein meine Verdammnis fürchtet er. Und er tut es zur Rettung eurer Seelen.

Oh, mein Sohn, mein Kind. Schau noch einmal zum Himmel empor, blicke mir noch einmal in die Augen, bevor ich mich von dir abwende. Höre noch einmal meine Stimme, bevor ich verstumme. Ach, wenn ich doch dich und sie retten könnte. Aber sie können weder hören noch sehen.

Der Lebende muss sterben, damit die Sterbenden leben. Die Zeit ist gekommen, das Lamm zu schlachten.

Hier ist der Kelch, mein Sohn. Der Kelch des Leidens. Der Kelch der Sünde.

Schlag zu, Hammer. Vollbringe deine Aufgabe. Deine Schläge soll man im ganzen Universum hören. Richtet ihn hoch auf, ihr Soldaten. Erhebt ihn auf den Thron der Gnade. Hier muss er sterben. Erhebt ihn hoch über die Menschen, die seinen Namen verfluchen. Und nun rammt den Stamm in die Erde. Befestigt ihn tief im Herzen der Menschheit. Tief in vergangenen Zeiten. Tief in den Nährboden der Zukunft.

Gibt es keinen Engel, der meinen Isaak rettet? Gibt es keine Hand, die den Erlöser erlösen kann?

Hier ist der Kelch, mein Sohn. Trink ihn allein."

Ich glaube, dass Gott weinte, als er tat, was er tun musste. Alle Lügen, alle Verführungen, alle Taten, die im Verborgenen vollbracht wurden, befanden sich in diesem Kelch. Langsam, heimtückisch breiteten sie sich im Leib des Sohnes aus. Der letzte Akt der Menschwerdung.

Das reine Lamm war nun voller Makel.

Ich kann es nicht verstehen. Ganz ehrlich, ich verstehe es nicht. Warum hat Jesus es getan? Oh ja, ich weiß, ich weiß. Ich kenne die offiziellen Antworten. „Um dem Gesetz Genüge zu tun." – „Um die Prophetien zu erfüllen." Und diese Antworten sind richtig. Zweifellos. Aber da ist noch mehr. Etwas sehr Leidenschaftliches. Etwas Sehnsüchtiges. Etwas Persönliches.

Was ist es?

Ich muss immer wieder an all die Menschen denken, die verzweifelt in den finsteren Himmel blickten und schrien: „Warum?"

Und ich stelle ihn mir vor. Ich stelle mir vor, wie er zuhört. Ich sehe, wie seine Augen sich verschleiern und eine durchbohrte Hand eine Träne abwischt. Und auch wenn er vielleicht keine Antwort gibt, auch wenn er die Not vielleicht nicht behebt, auch wenn die Frage vielleicht unbeantwortet im Universum widerhallt – er, der selbst einmal allein war, versteht sie.

Sein letztes
Gebet galt dir.

Sein letzter
Schmerz galt dir.

Seine letzte
Hingabe galt dir.

„Vater,
vergib ihnen,

denn sie wissen nicht,

was sie tun."

Lukas 23,34

Das Kreuz erreichte das,

was geopferte Lämmer

nicht erreichen konnten:

Es *tilgte* unsere Schuld –

nicht nur für ein Jahr,

sondern für

alle *Ewigkeit.*

Das Kreuz erreichte das, was Menschen nicht tun konnten. Es gab uns das Recht, mit Gott zu sprechen, ihm unsere Liebe zu bringen, ja sogar mit ihm zu leben. Sie können das nicht aus eigener Kraft erreichen. Gleichgültig, wie viele Gottesdienste Sie auch besuchen, wie viele gute Werke Sie auch tun, Sie sind nicht gut genug für Gott.

Sie sind nicht gut genug, um Vergebung zu verdienen. Niemand schlägt einen Ball bis zum Mond. Niemand. Sie nicht, ich nicht, kein Mensch.

Darum gibt es Schuld in dieser Welt.

Darum brauchen wir einen Retter.

Sie können mir meine Sünden nicht vergeben und ich kann Ihnen Ihre nicht vergeben. Zwei Kinder, die in einer Pfütze spielen, können einander nicht sauber machen. Sie brauchen jemanden, der sauber ist. Jemand Makellosen. Wir brauchen auch jemanden, der sauber ist.

Darum brauchen wir einen Retter.

Golgatha ist der Punkt, an dem sich Gottes majestätische Erhabenheit und seine tiefe *Hingabe* begegnen. Der Donnerschlag, der erschallte, als Gottes *Souveränität* mit seiner Liebe kollidierte. Die Vermählung seiner *Allmacht* mit seinem *Mitgefühl.* Die Form des Kreuzes selbst ist ein Symbol: Der vertikale Balken, der Gottes *Heiligkeit* verkörpert, kreuzt sich mit dem horizontalen Balken, der für seine *Liebe* steht.

Sie können nicht bloß mit dem Verstand zum Kreuz kommen und Ihr Herz zu Hause lassen. So funktioniert das nicht. Golgatha ist keine gedankliche Reise. Es ist keine intellektuelle Übung. Keine göttliche Rechenaufgabe und kein nüchternes theologisches Prinzip.

Es ist ein Moment tiefer, herzzerreißender Gefühle.

Gehen Sie nicht ungerührt und trockenen Auges von dannen. Rücken Sie nicht einfach mit einem höflichen Räuspern Ihre Krawatte zurecht. Verlassen Sie den Kalvarienberg nicht kühl und gefasst.

Bitte … halten Sie inne. Riskieren Sie einen zweiten Blick.

In diesen Händen stecken Nägel.

An diesem Kreuz hängt Gott.

Wir sind diejenigen, die ihn dorthin gebracht haben.

Petrus wusste das. Johannes wusste das. Maria wusste das.

Sie wussten, dass ein hoher Preis bezahlt wurde. Sie wussten, wer seine Seite in Wirklichkeit durchbohrt hatte. Sie wussten auch irgendwie, dass an diesem Tag die Geschichte neu geschrieben wurde.

Darum haben sie geweint: Sie sahen den Retter.

Er selbst hat

mit dem Blick auf die

vor ihm liegende Freude

das Kreuz ausgehalten

und die Erniedrigung

hingenommen

und sitzt jetzt zur Rechten

von Gottes Thron.

Hebräer 12,2 (Willkommen daheim)

FSC
www.fsc.org
MIX
Papier aus verantwortungsvollen Quellen
FSC® C084279

Die Textauszüge wurden den folgenden Büchern von Max Lucado entnommen:
And the Angels Were Silent: 83–85, 95, 105
Ein Tag, der alles veränderte: 19–24, 87–91
Er versetzt immer noch Berge: 63–65, 63–65
God Came Near: 33, 77
He Chose the Nails: 10–11, 31, 35–39, 50, 67–69
It's Not About Me: 53
Leben ohne Angst: 48
Leichter durchs Leben: 43
No Wonder They Call Him the Savior: 9, 13–14, 29, 55–59, 73–75, 93, 99, 101, 107, 109
When God Whispers Your Name: 16

Originally published in the U.S.A. under the title: The Cross

Published by arrangement with Thomas Nelson, a division of HarperCollins Christian Publishing, Inc.
www.thomasnelson.com

1. Auflage 2017
Bestell-Nr. 817465
ISBN 978-3-95734-465-6

Umschlaggestaltung und Satz: Hanni Plato
Umschlagfoto: Getty Images, Manuela Hoefer
Fotos (Innenteil): Shutterstock, Getty Images
Druck und Verarbeitung: Print Consult GmbH, München

www.gerth.de